EDICT DV ROY,

PORTANT CREATION

d'vne Election en chef pour les Isles abonnées de Xainctonge, au lieu de Marennes, Auec la creation des Officiers necessaires pour composer ladite Eslection. *mars 1642*

A PARIS,

Chez PIERRE DES-HAYES, ruë de la Harpe, à la Roze Rouge.

LOVIS PAR LA GRACE DE DIEV ROY DE FRANCE ET DE NAVARRE. A tous presens & à venir, Salut: Nos chers & bien amez les habitás des bourgs & Parroisses de Marennes, Iers, Brouage, sainct Iust, sainct Sornain, l'Isle Daruert, Montierneuf, sainct Aignan, sainct Iean Daugle, sainct Fort, & Malaigre, Broué, sainct Siphorien, Legua, Tallemond sur Gironde, les Isles d'Olleron dependantes de l'Eslection de Xainctes, & les Parroisses de la Baronnie de Soubize dependantes de l'Election de sainct Iean d'Angely, qui composent les Isles abonnées de nostre Prouince de Xainctonge, Nous ayant fait representer, que bien qu'ils ayent esté abonnez par les

A ij

Rois nos predeceſſeurs & nous à des
ſommes modiques en conſideration
des grandes & exceſſiues deſpenſes
qu'ils ſont obligez de faire pour
l'entretien des Achenaux qui entre-
tiennent les mareſts ſallans, par
leſquels les greniers de la Ferme de
nos gabelles ſont fournis ; Qu'ils
ſoient obligez de redoubler leurs
deſpenſes pour la garde continuelle
de leurs coſtes expoſées à l'incurſion
des ennemis de noſtre Eſtat, &
qu'ils ſoient reduits à d'extremes in-
commoditez par la ceſſation du
commerce : Neantmoins leurs
abonnemens ſe ſeroient trouuez
aneantis par la reuocation generale
portée par nos commiſſions des
Tailles de l'année mil ſix cens
trente-huict, Nous aurions reglé
les impoſitions deſdites Iſles abonnées pour toutes Tailles, Taillon &

autres leuées à la somme de trente-
quatre mil liures, sçauoir les Parroisses dependantes de ladite Election de Xaintes à la somme de trente mil liures, & celles de ladite Baronnie de Soubize à la somme de
quatre mil liures, au payement de
laquelle somme les habitans desdi-
tes Parroisses se seroient soubsmis
par la necessité des grandes & exces-
siues despenses de la guerre, espe-
rans en temps de paix obtenir le re-
stablissement de leurs anciens priui-
leges : Mais sous pretexte que les
commissions de l'année mil six cens
trente-neuf contenoient pareille reuocation des abonnemens, Les Officiers de l'Eslection de S. Iean d'Angely n'ayant eu aucun esgard audit
Reglement, quoy qu'il eust esté re-
gistré au Bureau de nos finances à
Limoges & en ladite Election, au-

roient taxé lefdites Parroiffes de l'a-
bonnement de Soubize dependan-
te d'icelle Election à. pres de vingt-
cinq mil liures au lieu defdits quatre
mil liures. Et les Officiers de l'Election de Xainctes ayans à peine
obey audit Reglement, menaffent
lefdites Parroiffes dependantes de
leur Election d'y contreuenir l'année mil fix cens quarante, à l'exem-
ple de ceux de fainct Iean d'Angely.
Ils auroiét pour preuenir leur ruine
totale & nous tefmoigner leur fide-
lité & affection à noftre feruice en
contribuant au delà de leur puif-
fance aufdites defpenfes, offert de
payer fix-vingts mil liures en noftre
Efpargne, Sçauoir, foixante mil liures dans le premier iour de Ianuier
audit mil fix cens quarante, & pareille fomme dans le premier de May
enfuiuant : laquelle fomme de fix-

vingts mil liures, iointe à celle de
vingt mil cinq cens liures, dont les
Parroiſſes de ladite Barónie de Soubize ont eſté taxées pour éuiter les
non-valleurs de la recepte de l'Election de S. Iean d'Angely. Celle de
douze mil liures pour la taxe des Aiſez de la Chaſtellenie de Soubize, Et
quarante-deux mil liures pour leſdites Parroiſſes dependantes de ladite
Election de Xainctes, reuenoiér enſemble à neuf-vingts quatorze mil
cinq cens liures, outre & par deſſus
les trente quatre mil liures contenuës au departemét de leurs Tailles
& leuées ordinaires, pourueu qu'il
nous pleuſt en conſideration de ce
ordonner, que toutes leſdites Parroiſſes ſeroient diſtraictes & retran-
chées des Eſlections de Xainctes &
ſainct Iean d'Angely : Et qu'à l'ad-
uenir ils ſeroient deſchargez de tou-

tes Tailles, Taillon & autres impoſitions en payant par chacun an la ſomme de trente-quatre mil liures, & en conſequence deſquelles offres, Nous aurions par Arreſt de noſtredit Conſeil du dix-neufiéme Nouébre mil ſix cens trente neuf en acceptant icelles, ordonné que leſdits ſupplians payeroient comptant dans ledit premier Ianuier mil ſix cens quarante és mains du Treſorier de noſtre Eſpargne, Maiſtre Gaſpard de Fieubet, la ſomme de ſoixante mil liures, & pareille ſomme dans le premier iour de May enſuiuant, quoy faiſant & payant auſſi la ſomme de vingt mil cinq cens liures à laquelle les Parroiſſes de la Baronnie de Soubize ont eſté taxées de plus que leſdits quatre mil liures, & par tous les particuliers taxez, ou qui ſeroient taxez pour les aiſez pour l'acquiſirion des rentes conſtituées ſur les Tailles en principal iuſques à la ſomme de trois mil huict cens cinquante liures, ſçauoir pour ceux de ladite Baronnie de Soubize huict cens cinquante liures, & ceux des autres Parroiſſes dependantes de l'Election de Xainctes trois mil liures, le tout d'extraordinaire, outre & par-deſſus leſdites trente-quatre mil liures, & moyennát ce qu'ils ſeroient d'oreſnauant abonnez à ladite ſóme de trente-quatre mil liures par chacun an, pour toutes Tailles & autres impoſitions; à quoi ayans ſatisfait. Et voulans à cette occaſion les traitter le plus fauorablement qu'il nous ſera poſſible, & les deſcharger des grands frais qu'ils ſont obligez de faire pour aller chercher la Iuſtice és Eſlections de Xaintes & Sainct Iean d'Angely, les ſeparer & diſtraire de

la Iurifdiction defdites Elections, &
leur establir sur les lieux vne Eslection composée des Officiers necef-
faires pour faire l'imposition de ladite somme de trête-quatre mil liures
auec plus de cognoissance de cause.
SÇAVOIR FAISONS, Qu'apres auoir
mis cette affaire en deliberation en
nostre Conseil où estoient aucuns
Princes & Officiers de nostre Cou-
ronne : DE L'ADVIS d'iceluy, &
de nostre certaine science, pleine
puissance & authorité Royale, Nous
auôs par cettuy nostre presentEdict,
perpetuel & irreuocable, creé, érigé
& estably, creons, erigeons & esta-
blissons vne Eslection en chef audit
lieu de Marennes, auec les Officiers
qui ensuiuent, A sçauoir vn nostre
Conseiller , President & premier
Eleu residant à Marennes , aux ga-

ges de trois cens liures, & cinquante liures de droicts de cheuauchées; Vn noſtre Conſeiller & noſtre Lieutenant en ladite Election
auec pareils gages de trois cens liures & cinquante liures de droicts
de cheuauchées; Trois Controlleurs
Eleus aux gages de trois cés cinquáte liures, & cinquáte liures de droits
de cheuauchées auſſi chacun; Vn noſtre Cóſeiller & Procureur Subſtitut
de noſtre Procur. general en noſtre
Cour des Aydes de Paris aux gages
de deux cés liures; Trois Greffiers hereditaires & domaniaux aux gages
de tréte-trois liures ſix ſols huict deniers chacun, Vn Maiſtre Clerc he-
reditaire dudit Greffier ſans gages,
Six Procureurs hereditaires en ladite
Election ſans gages, Quatre Huiſ-
ſiers Audienciers hereditaires en
icelle auec pouuoir d'exploicter par

tout le Royaume, Trois nos Confeillers & Receueurs defdits trente-quatre mil liures aux gages de
fix cens liures chacun, à prendre
tous lefdits gages fur lefdits trente-
quatre mil liures fuiuát l'eftat qui en
fera arrefté en noftredit Cóleil, pour
eftre dés à prefent & cy-apres quand
vacation arriuera par nous pourueu
aufditsOffices de perfónes capables,
& en iouyr par eux aux fonctiós, pri-
uileges, droicts, fruicts, profits, reue-
nus & efmolumens, droicts de figna-
tures, droits de quittáces, taxations,
droicts de bordereau, ports & expe-
ditions de commiffions, exemption
de ladite Subuétion; & de toutes autres impofitions& logemens de nos
gens de guerre, Et lefdits Receueurs
de douze deniers pour liure de taxations de recepte, difpenfe de bailler
caution, & generalement des autres

droicts dont iouyſſent les autres Officiers des autres Eſlections en chef
de ce Royaume, leſquels droicts &
taxations, enſemble la ſomme de
deux cens liures pour le loüage
d'vne maiſon pour tenir le Bureau
de ladite Election, Novs voulons
eſtre impoſez outre & par deſſus ladite ſomme de trente-quatre mil liures, reſſortiront les appellations de
noſdits Officiers de ladite Eſlection
de Marénes, en noſtre Cour des Aydes de Paris; Et deſirans encore fauorablement traitter ceux qui ſe-
ront pourueus deſdits Offices, Nous
voulons qu'ils ſoient & demeurent
diſpenſez du payement du droict
Annuel pendant la preſente année
mil ſix cens quarante-deux, & la pro-
chaine mil ſix cens quarante-trois,
& qu'icelles expirées ils y ſoient ad-
mis ſans payer aucun preſt nyaduan-

ce , dont nous les auons difpenfez &
defchargez, difpenfons & defchar-
geons par ces prefentes. Si donnons
en mandement à nos amez & feaux
Confeillers les gens de nos Comptes
& Cour des Aydes à Paris, Prefidens,
Treforiers de France & generaux de
nos finances à Bordeaux , Que ces
prefentes ils faffent regiftrer, garder
& entretenir felon leur forme & te-
neur , nonobftant quelconques
Edicts , Ordonnances, Reglemens,
Arrefts, defenfes & lettres à ce con-
traires, aufquelles, & aux dérogatoires des dérogatoires y contenuës,
Nous auons dérogé & dérogeons
par ces prefentes, nonobftant oppo-
fitions ou appellations quelconques , dont fi aucunes interuien-
nent, nous en retenons la cognoif-
fance en noftredit Confeil, & l'inter-
difons à tous nos autres Cours &

Iuges : CAR tel est nostre plaisir. Et
afin que ce soit chose ferme & stable
à tousiours, Nous y auons fait met-
tre & apposer nostre seel , sauf en
autre chose nostre droict & l'autruy
en toutes. DONNE' à Narbonne
au mois de Mars , l'an de grace mil
six cens quarante-deux. Et de nostre
regne le trente-troisiesme. Signé,
LOVIS. *Et plus bas*, Par le Roy,
DE LOMENIE. Et seellé du grand
Seau.

Collationné à l'original par moy
Conseiller, Secretaire du Roy
& de ses Finances,